AF461347

# PAULINE

D. S!

# DERNIERS JOURS
## D'UNE ANCIENNE ÉLÈVE
DE LA
## RETRAITE D'ANGERS
**ENFANT DE NOTRE-DAME-DU-BON-CONSEIL**

DÉCÉDÉE A DIX-NEUF ANS, LE 21 MAI 1879

« J'ai aimé Dieu, je l'ai béni, j'ai souffert... mais je l'ai loué, et je l'en remercie... »
(DERN. PAR. DE PAULINE.)



ANGERS
IMPRIMERIE LACHÈSE ET DOLBEAU
13, Chaussée Saint-Pierre, 13

1879

J. M. J.

---

## Aux Enfants de Notre-Dame-du-Bon-Conseil de la Retraite d'Angers.

C'est pour vous, chères enfants, que je trace ces lignes, espérant qu'elles vous feront du bien.

La Vierge du Bon-Conseil vient de cueillir sa première fleur dans votre pieuse association ; fleur suave et embaumée, qui, en tombant, a exhalé de délicieux parfums.

Vous, qui avez été au pensionnat les compagnes de Pauline et qui l'avez aimée, vous vous consolerez de sa perte en apprenant comment s'est terminée sa pieuse et courte vie.

Vous qui, moins heureuses, ne l'avez pas connue, vous admirerez cette douce jeune fille, calme et souriante en face de la mort, et vous comprendrez ce que peut l'amour divin sur un cœur virginal qu'aucun souffle impur n'a touché.

Toutes, j'en ai la confiance, sentirez à ce pieux contact, votre foi s'affermir et votre âme s'élever.

Ainsi notre chère Pauline, la petite sainte de la Retraite, continuera de Là-Haut l'apostolat commencé sur la terre.

Puisse cette angélique enfant, si fidèle et si touchante dans sa reconnaissance, nous garder à toutes une place, aux pieds de la Vierge Marie, dans ce beau Ciel qu'elle a tant désiré!....

A. M. D. G.

# PAULINE

Le 1er août 1876, jour de la distribution des prix à la Retraite, la jeune fille dont nous allons retracer la mort, accourait radieuse, les mains pleines de lauriers, se jeter dans les bras de sa mère, lui faire hommage de ses succès. Elle avait eu, pour sa dernière année, un véritable triomphe : presque tous les prix de sa classe, avec la double couronne d'honneur et d'amitié. Maîtresses et élèves applaudissaient à ces palmes si justement acquises, et augmentaient ainsi le bonheur de Pauline. Elle aurait pu être fière en ce jour, mais elle se contentait d'être heureuse ; la modestie et l'amour filial rayonnaient seuls sur son front de seize ans.

Cependant elle allait quitter la Retraite, sa seconde famille, le cœur plein de reconnaissance pour ses maîtresses et d'affection pour ses compagnes. La nouvelle vie qui s'ouvrait à ses yeux lui promettait de beaux jours. Elle y entrait confiante, appuyée sur sa mère et sur Dieu.

Nous, qui l'appelions aussi notre enfant, nous la regardions s'éloigner, non sans regret, mais sans crainte, sachant que les mains maternelles qui avaient commencé à façonner cette âme sauraient en garder les trésors. Elle avait été au pensionnat une bonne et parfaite élève, nous pensions que dans la famille elle remplirait dignement la mission qui lui serait confiée : nous ne nous trompions pas.

C'était vraiment une jeune fille d'élite, que la grâce et la nature avaient ornée à l'envie.

Grande, élancée, d'une physionomie vive et agréable, la candeur de son âme se peignait dans ses regards et sur son front. Une réunion de qualités charmantes s'harmonisaient pour former un ensemble attachant, toujours dominé par la raison, et voilé par la modestie.

Inclinée à la piété dès son enfance, la rectitude de son jugement laissait peu de place aux illusions si communes à cet âge. Docile de cœur et d'esprit, quoique indépendante par caractère, elle allait droit au but, sans s'inquiéter de l'effet que produiraient ses paroles et ses actes. Le respect humain n'effleurait pas cette âme, qui avait placé son idéal au-dessus de la terre et de ses mesquines rivalités. Estimée de toutes ses compagnes, elle saisissait avec un aimable à-propos l'occasion de leur faire du bien ; et, comme la ligne du devoir était la seule qu'elle connût, on peut dire que son passage dans la première classe laissa une trace sanctifiante.

Telle était Pauline au jour des adieux.

Une autre phase de la vie commençait pour elle, et l'avenir lui apparaissait tout plein de riantes promesses.

Mais l'épreuve ne tarda pas à venir, et cette première année de sortie de pension fut marquée par la perte de sa sœur Maria, l'unique et bien-aimée compagne de son enfance. Cette douleur, augmentée de celle de sa mère, teignit alors de tristesse l'horizon de Pauline, et lui donna pour toujours une juste appréciation des choses de ce monde. La maladie de poitrine qui avait emporté sa sœur devait bientôt l'atteindre elle-même et, comme elle avait suivi pas à pas les progrès du mal en soignant Maria, quand elle en aperçut les symptômes, il ne fut pas possible de lui faire illusion.

L'enfant qui venait de disparaître laissait un vide au foyer de famille. Mais il restait une espérance.

Pauline était encore là ; seul objet désormais de l'affection d'un père, d'une mère, d'une aïeule et de deux tantes, qui s'étaient rapprochées pour déverser sur leur nièce chérie le trop plein de tendresse que renfermait leur cœur. Dans la position modeste et aisée que lui avait faite la Providence, avec ses goûts si simples, son caractère facile, elle jouissait d'autant de bonheur qu'il est possible d'en attendre en ce monde.

— « Je serais trop heureuse si j'avais Maria, disait-elle ; la vie que je mène est si douce que cela me fait peur ; on ne va pas ainsi au Ciel... »

A la fin de juillet, elle vint se joindre aux anciennes élèves et prendre sa part des fêtes du pensionnat. Aimable et gracieuse comme autrefois, elle charma tout le monde par sa franchise et sa gaieté.

L'année 1878 lui apporta, à son début, une nouvelle épreuve. Elle fut atteinte d'une laryngite qui s'annonça d'une façon si terrible que l'on craignit une phthisie galopante ; mais d'énergiques remèdes conjurèrent le mal, et au bout de quelques mois, son état n'inspirait plus qu'une vague inquiétude.

Quand le printemps parut, les médecins déclarèrent qu'il était urgent de la conduire passer une saison aux Eaux-Bonnes. Pauline fut ravie de cette décision, car, dans le lointain, elle entrevoyait Lourdes... La pieuse enfant voulait, avant toutes choses, s'agenouiller dans la grotte bénie et solliciter de la Sainte Vierge une grâce qui lui tenait au cœur. Sa guérison ne venait qu'ensuite, et encore ne la demanda-t-elle pas.

Le traitement qu'elle suivit aux Eaux-Bonnes lui fut très-salutaire. Nous recevions souvent de ses nouvelles, car ses relations avec la Retraite se continuaient toujours aussi affectueuses que par le passé. Pauline avait aimé toutes ses maîtresses, et elle ne laissait échapper aucune occasion de leur témoigner sa reconnaissance. Son cœur, ouvert à tous les sentiments délicats et généreux, s'était si parfaitement identifié aux nôtres, qu'après Dieu et sa famille, la Retraite avait toutes ses affections. Elle voulut donc nous donner le plaisir de constater le mieux sensible qui s'était opéré dans son état, et peu de temps après son retour à Thouarcé, sa mère l'amena nous faire une petite visite. Elle nous raconta joyeusement les événements de son voyage, et s'étendit avec complaisance sur les délicieuses émotions éprouvées à Lourdes. La magnifique basilique ne lui avait rien dit ; mais la grotte lui causa comme un ravissement ; si bien qu'au moment de partir, elle retourna jusqu'à trois fois sur ses pas, ne pouvant se décider à la quitter. Il fallut un ordre de sa mère pour l'arracher à sa contemplation. Ce souvenir béni était enchâssé dans son cœur.

Ses parents, la voyant si bien, se prirent à espérer, et chacun s'ingéniait autour d'elle pour lui procurer les distractions enviées à son âge. C'était à l'époque de l'Exposition universelle ; on ne parlait que des merveilles offertes par l'industrie à l'admiration générale. Une de ses tantes lui proposa le voyage de Paris. Il y avait de quoi tenter une jeune fille, et Pauline fut sensible à cette délicate attention. Cependant la crainte de fatiguer une santé si peu affermie jointe à certaines considérations de famille, firent différer la réponse attendue. Enfin elle fut affirmative, à la condition toutefois que l'on serait très-raisonnable et que les soirées ne se prolongeraient jamais au delà de l'heure réglée par la Faculté. Les bons parents acquiescèrent volontiers à cette juste demande et emmenèrent, joyeux, leur nièce chérie. Ce n'était pas la première fois que Pauline visitait la capitale, mais lors de son voyage en 1870, elle était trop jeune pour comprendre ce qui mérite d'être apprécié. Toutes ces merveilles ne la laissèrent pas indifférente, car elle possédait le sentiment des arts et de la poésie : cependant son admiration n'alla point jusqu'à l'enthousiasme. « Je vois tous les jours de belles choses, m'écrivait-elle ; mais qu'est-ce que Paris en comparaison de Lourdes?.... » Et elle ajoutait un peu plus loin : « Combien je bénis ma maladie qui m'empêche d'aller au spectacle ! » — Elle revint à Thouarcé dans un état satisfaisant, grâce aux soins empressés de sa tante.

Les médecins disaient que si l'hiver pouvait se passer sans secousse, elle serait sauvée. Hélas ! l'hiver arriva, et, subitement, la toux reparut, accompagnée de symptômes alarmants, et l'on constata une rechute.

Ce fut alors que la pauvre enfant commença à prévoir le triste dénoûment du mal qui l'envahissait. On trouva plus tard dans ses notes les lignes qu'elle traça sous l'impression de ce sentiment :

« Dans une maladie dangereuse et sérieuse, je désire être prévenue.....

« Je voudrais faire mon sacrifice comme certaines jeunes filles qui s'offrent tout à Dieu..... »

On entrevoit d'après ces réflexions quelle pente va prendre l'âme de cette chère enfant sous l'influence de sa foi vive et généreuse.

Elle désirait respirer l'air pur de la campagne et goûter un peu le calme de la solitude avec sa mère chérie.

Dès que le temps le permit, au mois de février, la mère et la fille se rendirent à leur habitation de Saint-Pierre-en-Vaux. Elles goûtèrent là pendant quelques semaines le bonheur d'une intimité qui, s'accentuant de plus en plus, leur aidait à supporter leur mutuelle épreuve. Toutes les pensées de Pauline passaient de son cœur dans le cœur de sa mère, et si parfois cet épanchement doublait la souffrance, combien il augmentait aussi la consolation !

Cependant la maladie faisait des progrès ; Pauline le sentait et éprouvait alors ce désir de vivre si naturel, surtout aux poitrinaires. Phase de luttes et d'angoisses pénible à traverser, dont sa piété sortit bientôt victorieuse.

Pendant le mois de mars elle s'adressait à

saint Joseph avec une grande dévotion, lisait chaque jour son hymne, en souvenir d'un mois passé à l'infirmerie, et disait à sa mère en riant : « Saint Joseph ne se laisse pas toucher. Il a tant d'occupations ce mois-ci, tant d'affaires sur les bras, ce n'est pas étonnant. Au moins, il m'envoie un peu de courage et de résignation. » En effet, malgré de continuelles souffrances, son caractère ne se démentait pas ; elle avait toujours quelque parole aimable et gracieuse pour ceux qui la visitaient.

Une de ses meilleures amies de pension, restée de bonne heure orpheline, demeurant aux environs, se faisait un plaisir d'aller le plus souvent possible passer quelques heures avec l'intéressante malade. Elles se distrayaient ensemble, et, tout en causant, confectionnaient de jolis ouvrages ; car cette chère enfant ne pouvait rester inactive, et elle utilisait son adresse au profit des pauvres.

Dans les jours qui ont précédé sa mort, Pauline, en parlant de cette amie, disait à sa mère : « Maman, conservez-lui votre amitié. Je vous laisse sans enfants, elle est restée sans mère ; vous l'aiderez de vos conseils et sa société vous sera une distraction. » Touchante sollicitude qui s'étendait jusqu'au delà du tombeau !

A cette époque, plusieurs de nos élèves subirent avec succès les examens académiques. Le cœur délicat de Pauline ne put rester muet en cette circonstance, et malgré sa langueur, elle m'écrivit qu'elle s'associait à la joie de la Retraite, d'autant plus vivement que nos jeunes brévetées avaient été autrefois les compagnes de Maria. Le souvenir de sa sœur ne l'abandonnait pas.

Madame B*** nous tenait au courant de la santé de sa fille, et du moment où elle connut que les jours de notre chère enfant étaient comptés, une correspondance très-active nous permit de suivre pas à pas avec les progrès du mal, l'accroissement du divin amour dans l'âme de Pauline. — Elle disait à sa mère : « Je sais combien l'on m'aime à la Retraite ; je les ai vues en aimer d'autres... On va prier pour moi ! »

— « Ma petite mère, il faut se résigner. Je sens que mes forces m'abandonnent ; mais le danger est éloigné... Ne vous faites pas de chagrin... J'ai offert deux mois de ma vie pour une grâce que j'ai demandée au bon Dieu. »

Après cet aveu, elle fondit en larmes. — Sa mère, la voyant si impressionnée, n'osait lui parler de faire ses Pâques ; mais, en femme chrétienne, elle fit avertir le curé de la paroisse voisine. Il vint aussitôt voir la petite malade, et la confessa. Pauline, de son côté, qui comprenait si bien et si vite toutes choses, désespérant de pouvoir se rendre prochainement à l'église, demanda la première à recevoir le bon Dieu dans sa chambre.

Mais son cœur, toujours prévoyant, redoutait l'effet qu'allait produire à sa grand'mère cette nouvelle inattendue.

— « Maman, dit-elle, il est impossible que vous annonciez ma communion dans mon lit à bonne maman sans la désoler. Je vais lui écrire moi-même. Je n'aime plus écrire, mais il le faut. »

Voici cette lettre qui peint si bien le caractère enjoué, l'exquise délicatesse de Pauline, en prouvant une fois de plus que la vraie piété n'est ni triste ni sévère :

« Ma bonne Grand'Mère,

« Tu sais bien, n'est-ce pas, que je suis désolée de te voler ta dame de compagnie? (Sa tante qui était venue aider sa mère à la soigner.) Cependant j'ai si peur que tu ne sois contrariée d'un acte si indélicat, surtout envers sa grand'mère, que je sens absolument le besoin de venir te donner deux gros baisers pour te consoler. Je te dis cela pour rire parce que je sais bien que tu m'aimes trop pour te contrarier. Je ne te dirai rien de ma santé, papa et M. Michel ont dû te renseigner, et cela va toujours de même.

« Tu serais très-surprise, je suis sûre, ma bonne maman, si je te disais que je gagne ma vie. Eh bien! c'est cependant la vérité. J'ai trouvé de l'ouvrage pour le monde depuis quelque temps, et je suis largement payée en œufs frais, lait tout chaud, excellent beurre, et peut-être même viendra-t-il un pigeon! J'oubliais qu'un cierge a été mis à saint Joseph. Tu vois que je suis heureuse. Dans ce moment-ci encore, j'ai du travail!....

« Je ne saurais te dire le regret qui nous a toutes saisies au moment de notre dîner. Comment! avoir devant soi une bonne friture de tanches de Loire, et n'avoir pas pensé à en faire parvenir à la bonne grand'mère, qui se serait tant régalée! Ah! que c'est égoïste! Mais, tiens, je te fais venir l'eau à la bouche ; n'en parlons donc plus.

« Une nouvelle sérieuse après les drôles. Je me suis confessée aujourd'hui à M. le curé L*** et cela m'a donné un peu plus de courage encore pour supporter avec patience et sans me plaindre les petites souffrances et la maladie que le bon Dieu m'envoie. Je vais faire mes Pâques avec les infirmes!.... »

Puis suivent une foule de commissions pour les parents et amis.

Cette agréable missive nous révèle la nature des relations qui existaient entre Pauline et les habitants de Saint-Pierre. Tous ces bons villageois, avec lesquels la charmante jeune fille aimait à échanger d'affectueux services, étaient heureux de mettre à sa disposition les petits produits de leurs fermes et les primeurs de leurs jardins. Ils auraient voulu faire fleurir leurs roses et mûrir leurs fruits bien avant la saison pour avoir le plaisir de les lui présenter.

La visite de l'Hôte divin, qui devait se renouveler deux jours de suite à l'occasion du Jubilé, procura un vrai bonheur à Pauline.

Dans la journée, elle dit à sa mère : « Maman, vous n'avez pas été raisonnable ce matin en vous plaçant devant moi. J'étais un peu émue, et j'aurais pu pleurer. Demain, mettez-vous ailleurs. »

Le lendemain, 3 avril, après avoir encore reçu le divin Maître, elle se trouva toute consolée. « Ah! si je mourais maintenant, disait-elle, que je serais heureuse! J'irais tout droit au Ciel. Tandis que plus tard, le purgatoire me fait peur. Quand le moment sera venu, il faudra de suite envoyer une dépêche à la Retraite pour que l'on se mette en prières. » — Sa bonne mère la tranquillisa en l'assurant que tous ses désirs seraient accomplis.

Il fallut bientôt songer par prudence à retourner à Thouarcé, afin que la famille, et surtout le père de la pauvre enfant, pût jouir des derniers moments qui lui restaient à passer ici-bas. Pauline eût préféré demeurer à Saint-Pierre; le séjour de la campagne lui plaisait, et elle ne se croyait pas assez malade pour qu'il fût utile de hâter son retour. Cependant, toujours docile, elle n'eut qu'une parole : « Mes parents l'ont désiré, je l'accepte. »

Le voyage s'effectua le 7, sans trop de fatigue, mais il lui fit deviner la réalité de sa position, à laquelle elle n'était pas encore résignée.

Quelques jours après, sentant le déclin de ses

forces, elle disait : « Je ne vais pas mieux..... Il était temps de se rendre ; je ne le pensais pas. » — Et s'adressant à sa mère : « Je ne puis encore dire : Le bon Dieu le veut, je le veux bien ; mais cela va venir, ma petite mère... J'ai bonne volonté, je suis déjà contente... »

Le Seigneur, qui ne se laisse jamais vaincre en générosité, ne devait pas tarder à couronner les efforts de l'admirable enfant.

Le 11, à deux heures, jour du Vendredi saint, son âme atteignait ce degré de divine conformité si difficile en pareille circonstance.

— « Mon sacrifice est fait..... Il est temps, je le vois..... Oui, voici bientôt l'heure à laquelle Jésus-Christ est mort..... Mon Dieu, je le veux bien !.... »

Dès le lendemain de cette immolation, elle voulut mettre de l'ordre dans ses petites affaires, et l'amertume du sacrifice se fit encore sentir : « C'est tout de même pénible, disait-elle, de se séparer de tous ces objets auxquels je suis si attachée. Oh ! Maria n'avait pas bien compris ; elle était trop jeune ; elle n'aurait pas eu le courage... Ah ! que c'est difficile !.... Enfin, je le veux !.... »

Elle écrivit ensuite ses dispositions, qui commencent par ces mots : « Je ne possède rien, mais je prie mes parents de vouloir donner en mon nom..... » Puis elle désigne par ordre numérique tous ses legs d'amitié et de reconnaissance.

Quand elle eut terminé ce testament du cœur, elle le plaça dans le carnet qui contenait aussi les dispositions de Maria, disant avec une grande émotion : « Voici les tiennes, chère petite sœur, les miennes suivront de près. »

A partir de ce moment, son âme, tout abandonnée au courant divin, commença une merveilleuse ascension, manifestée par les paroles brûlantes qui montaient continuellement de son cœur à ses lèvres, et que je transcrirai aussi fidèlement que possible.

Le jour de Pâques, elle pria sa mère de donner de ses nouvelles à l'une de ses anciennes maîtresses, résidant à Cholet, qui n'en avait pas reçu depuis le Carême. Sa mère l'engagea à essayer de le faire elle-même. Elle prit aussitôt la plume et écrivit ces lignes admirables :

« Bien bonne Mère,

« Depuis le commencement de la sainte quarantaine, que vous m'aviez dit d'observer dans ma correspondance avec vous, j'ai fait de grands progrès, c'est-à-dire que j'ai beaucoup marché du côté du Ciel, et que me voilà bientôt au moment d'y entrer. Vous me voyez bien brave en vous annonçant cette triste nouvelle ; c'est que mon sacrifice de la vie est fait, et je suis si heureuse à la pensée de quitter ce monde et d'aller voir Dieu !... Mon grand chagrin, ou plutôt ce n'en est même pas un, tant est grande ma confiance en la bonté divine, c'est de laisser mes parents seuls et si tristes. Mon pauvre père ne peut prendre courage, c'est à peine s'il peut venir me voir. Maman est admirable de résignation chrétienne ; elle est presque toujours près de moi, et nous arrangeons ensemble les choses pour quand je ne serai plus. Je crois que mes petits cadeaux feront, quelques-uns du moins, de vrais heureux.

« Je laisse encore des oncles et des tantes dont le jardin touche le nôtre, qui sont souvent avec nous, et pour lesquels j'étais presque une fille. Ils sont tous désolés ; mais Dieu me veut... il saura bien les consoler.....

« J'ai beaucoup vu Clémence à Saint-Pierre ; Gabrielle promet de venir bientôt.

« C'est peut-être maman qui vous donnera de

mes nouvelles. Je serai heureuse si vous voulez conserver avec elle quelques relations. Vos lettres lui font du bien. Elle écrit à Mère Saint-V... ; mais si celle-ci venait à lui manquer, elle aurait au moins vos consolations et vos conseils.

« Adieu, bonne Mère ; le rendez-vous au Ciel !

« Votre petite élève reconnaissante,

« PAULINE,

« E. de N.-D.-du-B.-C. »

Puis soudain redemandant sa lettre à sa mère qui la lisait, elle ajouta ce charmant post-scriptum :

« Je suis contente que vous soyez trompée. Je suivrai l'Agneau partout où il ira, et je chanterai le cantique des Vierges même avant vous !... »

Quelques heures après, le Curé, qui ne l'avait pas encore vue depuis son retour, vint la visiter.

— « Ah ! monsieur, je suis bien malade, dit-elle, plus que je ne pensais avant de revenir ; aussi ai-je regretté mon arrivée ici. . Maintenant j'en suis bien heureuse. Ce ne sera pas très-long, j'espère..... »

Et comme le bon prêtre croyait devoir lui prêcher la résignation à la volonté divine, et faisait allusion à la santé qui pouvait lui être rendue ; élevant la voix avec une expression indéfinissable : « Ah! monsieur le Curé, vous allez bien me comprendre, vous, si les autres ne le peuvent pas... Voir Dieu, l'aimer toujours, ne jamais craindre de le perdre!.... Quel bonheur terrestre voulez-vous que je regrette?.... » Elle ajouta ensuite des paroles qui ressemblaient à de l'extase. (Bien des fois depuis, Pauline a dit que jamais elle n'avait éprouvé de dévotion aussi sensible que ce jour-là et les deux jours suivants.)

« Eh bien! mon enfant, reprit paternellement le vénérable Curé, tu as raison, tu as sacrifié les jouissances terrestres, tu es ravie...

— Oui, Monsieur. Je vais retrouver Là-Haut Maria. Avec elle, qui savait si bien arranger les choses, nos parents seront consolés ; nous arrangerons cela. Je verrai aussi plusieurs maîtresses de la Retraite que j'ai connues et qui déjà sont rendues.

— Tu vas voir le bon Père Tendron, et bien des parents et des amis.

— Ah! oui, M. Tendron, qui nous disait toujours : « Mes petites filles, je veux toutes vous retrouver lorsque j'entrerai au Ciel. — Oh! bon

Père, répondait M. l'Aumônier, vous allez d'abord nous montrer la route. » C'est qu'alors nous ne désirions pas du tout monter au Ciel si vite. Il me semble qu'en m'apercevant il va dire : « Allons, en voici une ! les autres viendront à leur tour. »

— Est-ce qu'il y a longtemps que tu as des idées aussi claires de ta position ?

— Non, je n'ai fait mon sacrifice que ces derniers jours..... »

Puis, s'animant un peu, quoiqu'avec calme : « Il y a longtemps déjà, j'étais bien jeune et j'aimais Dieu ; oh ! j'avais la Foi..... Je comprenais bien le Catéchisme ; mais lorsqu'à la Retraite M. l'Aumônier nous a expliqué et démontré si clairement, dans ses *Analyses religieuses*, l'existence de Dieu, l'œuvre de la Rédemption et l'enchaînement de l'Église, oh ! alors, il s'est fait une lumière, et j'ai aimé Dieu de toute mon âme... J'avais entendu dire que le péché élevait comme un mur de séparation entre Dieu et le pécheur. Cela m'avait beaucoup frappée, et ce mur me faisait si grand'peur que je ne voulais jamais le voir... »

J'ai rapporté textuellement toute cette conversation parce qu'elle peint au naturel la droiture, l'enjouement et la générosité de cette belle âme.

Le 15 avril, croyant n'avoir plus que quelques jours à vivre, Pauline voulut envoyer à la Retraite un dernier témoignage d'affection, et m'écrivit une lettre que je citerai presque en entier :

« Ma bonne Mère,

« J'ai reçu ce matin la lettre de M. l'Aumônier. Elle m'a fait du bien en même temps que beaucoup de plaisir. Je vous prie de lui présenter mes remerciements pour les consolations qu'il me donne, et surtout pour la sainte messe qu'il a la bonté de me promettre. Toute ma famille y assistera ou du moins s'y unira à celle de Thouarcé ; et moi, je ne la perdrai pas non plus, quoique je sois dans mon lit.

« Je ne saurais vous dire, bonne Mère, quelle joie je ressens depuis que j'ai fait avouer à maman que l'espoir de guérir est perdu. La vie est si triste, et le Ciel si beau ! Je suis vraiment trop heureuse d'être appelée si jeune à jouir de cette immense félicité.

« Maman est d'un courage admirable, que vous connaissez du reste. Nous arrangeons ce que j'appelle *mes petits héritages*, et tout cela me rend si heureuse que je crains que le bon Dieu me fasse vivre. Reprendre possession de choses qui vont faire tant de plaisir, ce serait trop pénible !

« Ma seule préoccupation est de laisser papa et maman tout seuls quand ils comptaient sur moi ; mais je suis si soumise à la volonté divine que je ne m'attriste pas même de cette suprême épreuve. Dieu me veut, ne saura-t-il pas les consoler ?.... Mon oncle et mes tantes, qui m'aimaient tant, sont aussi très-désolés.

« Je vous prie, bonne Mère, de remercier toutes les religieuses qui prient pour moi, sans oublier les élèves.

« Comme je penserai à vous toutes dans le Ciel ! Comme je parlerai de vous, bonne Mère, avec toutes les élèves, avec ma bien-aimée Maria !.... Comme je parlerai de vous aussi et de Notre-Dame de Lourdes avec votre chère Anna ! »

. . . . . . . . . . . . . . . . .

La pauvre enfant se croyait prête à déployer ses ailes et à prendre son essor vers le rivage céleste. Hélas ! elle n'avait pas assez souffert.....

Le Seigneur devait verser encore dans son calice quelques gouttes d'amertume, soit qu'il voulût embellir sa couronne, soit pour que son exemple servît à toucher d'autres cœurs de la flamme divine.

En attendant, les jours qui suivirent, venant l'un après l'autre comme des jours de grâce, furent tous marqués au cachet de la croix et de l'apostolat.

Plus Pauline se sentait approcher du terme, plus aussi le zèle débordant de son âme tendait à se communiquer.

« Quand ces dames vous parleront de moi, disait-elle à sa mère, vous savez, on vante toujours les qualités de ceux qui ne sont plus, ne manquez pas de leur répondre : Pensez donc à sa mort, cela vous sera plus utile. »

Une de ses anciennes compagnes de la Retraite se rendit près d'elle pour jouir une dernière fois de ses pieux entretiens. En l'apercevant, Pauline lui dit : « C'est moi qui pars… pour l'Éternité !… » Leur conversation, assez longue, se continua dans ce sens. L'adieu fut la promesse de ne pas l'oublier… au Ciel !…

Bientôt Pauline témoigna un vif désir de recevoir le sacrement du grand voyage. Le curé fut appelé, et comme il hésitait, ne la croyant pas assez malade : « Mais, dit-elle, je ne veux pas être surprise ; je ne vivrai pas très-longtemps. » Et, avec sa gaieté ordinaire : « Allons, Monsieur le Curé, allez-vous pourtant vous décider à me donner l'Extrême-Onction ? »

Ce sacrement apporta à la chère enfant un surcroît de ferveur et de grâces ; depuis lors, elle se tint toujours près du Ciel. Très-souvent on l'entendait répéter : « Oh ! oui, je crois, et j'aime Dieu ! »

Un ecclésiastique, ami de la Retraite, M. l'abbé S*** ayant eu l'occasion de faire le voyage de Thouarcé, alla prendre des nouvelles de notre petite malade, et obtint facilement le bonheur de la voir. Il revint tout embaumé. Près du lit de cette enfant mourante, il avait respiré le Christ !

Cependant la vie se retirait graduellement de ce corps si frêle. Pauline demanda à ce qu'on lui apportât la sainte communion, le 25 avril. « Attendre plus tard, dit-elle, peut-être serais-je trop faible. Aujourd'hui, cela me donnera du courage, et si je ne monte pas encore au Ciel, demain les prières de la Retraite m'aideront. »

Son désir fut exaucé et le céleste Viatique vint encore apporter ses bénédictions dans cette petite chambre que notre chère enfant avait convertie en sanctuaire. L'autel destiné à le recevoir était orné de fleurs ; il y avait entre autres, tout près du saint ciboire, deux pots de myosotis, qui restèrent ensuite sur la cheminée. Quelques heures plus tard, Pauline les regardant attentivement, se mit à dire tout haut : « Comme ces fleurs parlaient à mon cœur ce matin ! » — Sa tante, qui se trouvait là, reprit aussitôt : « J'ai bien compris qu'elles traduisaient ta pensée, et que tu disais au bon Dieu : *Ne m'oubliez pas !* » — Alors, se tournant du côté de sa mère : « Et vous, maman, leur avez-vous aussi donné cette signification ?

— Sans doute, ma fille ; tu désires tant le Ciel !

— Eh bien ! ce n'est pas cela, vous n'avez pas compris. Je sais bien qu'Il ne m'oubliera pas..... Mais moi je lui disais : *Plus je te vois, plus je t'aime, ô mon Dieu !* »

Le lendemain de ce jour, où elle était montée sur le Thabor, Pauline ressentit une violente secousse, qui la laissa très-accablée. — « J'avais bien raison, dit-elle, de ne pas vouloir attendre, je n'ai plus beaucoup de forces.... Je suis heureuse..... Ce ne sera pas long..... Ma petite mère, jouissez encore, ce n'est rien. Gardez votre courage pour le moment où mes yeux viendront à se fermer..... Ce sera la vraie douleur..... Promettez-moi de ne pas perdre votre calme. Mère Saint-V..... vous aidera. »

La mère de cette sainte enfant, en m'écrivant ces émouvants détails, terminait par ces paroles : « Priez, que je me montre digne de ma fille ! »

Le 29 avril, M. l'Aumônier, répondant au désir manifesté par Pauline, se rendit à Thouarcé, et lui procura ainsi l'une de ses dernières joies. Leur entretien fut tout spirituel ; il ne roula que sur le Ciel. Pauline expliquait tout ce qu'elle se figurait sur cette ravissante demeure. Et comme M. l'Aumônier reprenait : « Moi je ne crois pas que ce soit ainsi, » elle lui répondit gaiement : « Mais vous n'y êtes pas allé pour le savoir. » — Elle exprima ensuite le désir qu'elle éprouvait de mourir le 1er mai : « C'est encore trop tôt ; attendez donc l'Ascension. » (Paroles inconscientes qui se réalisèrent comme une prophétie.)

Pauline resta longtemps sous l'influence de cette bonne visite. Elle disait à sa mère : « J'ai été heureuse de voir M. l'Aumônier ; il me connaît si bien ! Je n'avais rien à lui confier de particulier. Plus tard peut-être aurais-je eu grand besoin de ses conseils. Il n'y faut pas penser... »

Le 1er mai, ouverture du mois de Marie qu'elle aurait voulu fêter au Ciel, elle éprouva une recrudescence de douleurs ; et dans l'après-midi, la crise de suffocation devint si violente qu'elle provoqua une hallucination de quelques minutes. Pauline s'en aperçut et dit à sa mère : « Ah ! maman, quelle peine ! Je vais perdre mes idées... (C'était ce qu'elle redoutait le plus au monde.) Donnez-moi mon Manuel que je cherche la prière où l'on fait à Dieu le sacrifice de son intelligence. » Ne la trouvant pas, épuisée de fatigue, elle ferma son livre : « Je n'en ai plus besoin... Mon Dieu, je vous l'abandonne... C'est fait !.... »

Redevenue un peu mieux, elle s'occupait toujours de sanctifier ses derniers moments : « Il faudra me faire baiser le Christ que je donne à Mère Saint-V....., et ne pas me le laisser dans les mains à la dernière heure. Je pourrais ne pas comprendre, et le briser..... Je ne devais pas mourir le 1er mai, ma petite mère. Cependant préparez-vous. Croyez-moi, ce ne sera pas long... Tout le monde voudrait que cela durât toujours ;

mais vous avez assez souffert ; et moi, je désire tant le Ciel !.... »

Habituellement, vers le soir, ses souffrances devenaient plus vives ; alors elle redisait à haute voix ces paroles apprises au pensionnat, souvenir d'une retraite :

Encore un jour qui n'est plus !
C'est une épine arrachée,
C'est une larme séchée,
C'est un pas vers mon Jésus !....

Une de ses plus douces distractions lorsqu'elle jouissait de la santé, était de cultiver des fleurs et d'en parer les autels.

Le 2 mai, s'occupant encore d'en arranger quelques-unes, elle disait avec un sourire rayonnant de bonheur : « Ah ! la nature qui fleurit, le printemps qui renaît..... Cela me rattache un peu... Mais, ô mon Dieu, je vais vous voir et vous aimer, combien c'est encore plus beau !... »

Ainsi les pensées de cette chère enfant étaient fixées sur les sommets. Elle n'abaissait plus ses regards vers la terre que pour consoler ceux qui l'entouraient de leur tendresse et dont elle voyait la douleur. Elle avait toujours à propos quelque parole gracieuse pour exprimer sa reconnaissance : « Je vous remercie de m'avoir si bien soignée, disait-elle à son docteur. Je prierai pour vous au Ciel. » Elle s'occupait de toutes choses, mettait de l'ordre dans ses affaires, dirigeait ses charités, envoyait des douceurs aux malades de l'endroit, et prodiguait à son entourage les délicatesses de la plus tendre amitié.

Elle fit demander une pauvre femme éloignée de Dieu afin de tenter son rapprochement. Elle disait à une mère affligée de la perte de ses enfants, qui craignait, suivant l'opinion de certains théologiens, de ne pas les reconnaître dans l'Eternité : « Oh ! Madame, croyez-moi, aussi près que je suis du Ciel, je le sens, je vais revoir Maria, j'en suis sûre... » puis, avec une charmante simplicité : « Du reste, pour moi, c'est peu encore, puisque je vais posséder Dieu ! »

Fidèle aux prescriptions de Notre-Dame-du-Bon-Conseil, Pauline se nourrissait de bonnes et sérieuses lectures, qui lui furent un secours précieux pendant ses longs mois de réclusion. Le merveilleux génie du P. Lacordaire excitait son enthousiasme ; mais l'onction pénétrante de l'abbé Perreyve faisait vibrer les cordes les plus sympathiques de son âme. Atteintes du même mal, consumées du même amour, n'y avait-il pas

3

entre ces deux natures exquises quelque touchante analogie?

Une de ses dernières lectures fut le sermon sur l'amour de Dieu et des hommes. Sa mère lui tournait les pages, tant ses membres étaient engourdis. Elle s'arrêta avec ravissement à ce passage : « O partage de tous les secrets, tu es un témoignage infaillible des tendresses profondes, et j'aime à connaître que le cœur de Jésus aimant les hommes n'a plus rien de caché pour l'homme. » — « Ah! disait-elle transportée, ce ne sont plus des secrets seulement, rien de caché!!! »

Bienheureuse enfant, qui goûtez aujourd'hui les délices ineffables de cet échange divin, nous pouvons vous appliquer aussi ces paroles du même auteur : « L'amour de Dieu pour les cœurs purs se révèle à l'apparition des premières douleurs... »

Pauline voulut que sa bonne et vénérable aïeule fût avertie de son état. — « Ne pleurez pas, lui dit-elle; il faut donner l'exemple. Je suis très-heureuse. »

Lorsqu'elle savait que les affaires de son père l'appelaient au dehors, elle l'encourageait à la quitter, assurant qu'elle n'allait pas plus mal. —

« Dites-moi seulement adieu au moment de partir; pour vous, ce serait moins pénible en rentrant, si vous ne me trouviez plus. »

Ainsi, toujours prévoyante dans son amour filial, cherchait-elle à consoler ses bien-aimés parents. Quand ils s'informaient, si elle ressentait encore de vives douleurs : « Oui, disait-elle, mais j'y suis accoutumée. »

Elle craignait parfois d'avoir montré de l'impatience, et alors elle demandait pardon à sa mère et à sa tante des paroles un peu vives que la souffrance lui avait arrachées. Puis, sa gaieté reparaissait, et elle racontait avec entrain certains épisodes du pensionnat. Son cœur allait du Ciel à la Retraite. Une de ses amies lui adressait un jour, avec explications, le chapelet pour les âmes du purgatoire. — « Elle s'imagine donc que je ne le connais pas? Il y a longtemps qu'on me l'a appris à la Retraite, et depuis je n'ai pas manqué de le réciter. »

Les personnes qui la visitaient se plaisaient à constater le détachement de cette jeune fille, entourée de tant d'affection et de toutes les jouissances de la vie. Une dame, entr'autres, lui demandant : « Il est donc vrai que vous ne désirez pas guérir? » en reçut cette réponse : « Ah!

Madame, je sais, ou plutôt je ne sais pas ce que je quitte de misères, et je sais ce que je vais trouver de bonheur. Oui, de bonheur! car, l'œil de l'homme n'a point vu, son oreille n'a point entendu et son cœur ne saurait comprendre ce que Dieu réserve à ceux qui l'aiment..... »

Sa mère, à laquelle je dois tous ces détails, contemplait dans le ravissement de la douleur cette sainte enfant qui allait bientôt lui être enlevée. Leurs deux âmes se confondaient, car Pauline devenait de plus en plus expansive à mesure qu'elle approchait du terme. Rappelant un jour ses pieux souvenirs : « J'avais été très-frappée de ces mots concernant les vierges : « Elles suivront l'Agneau partout où il ira... » et je me disais : « Peut-être suis-je destinée à vivre dans le monde; j'en comprends, il me semble, les devoirs sérieux; mais je regretterai ce privilége..... Et voici que le bon Dieu m'appelle; sans aucune peine, je vais me joindre au chœur des vierges; et quel bonheur, parmi tous ceux du Ciel..... suivre l'Agneau! Vous le voyez, ma petite mère, je suis comblée de faveurs. »

Une autre fois : « J'ai aimé mes amies, mes maîtresses et le devoir; vous me l'aviez tant recommandé! aussi je savais me trouver heureuse.

J'aimais toutes mes maîtresses, et lorsqu'elles avaient parlé, même celles qui m'étaient le moins sympathiques, je me disais toujours : Comme elles ont raison! Quelles élèves peuvent comprendre leur dévouement?... »

A peu près vers ce temps-là, on lui apporta différents papiers à choisir pour la tapisserie de sa chambre, dont l'arrangement, à raison de diverses causes, avait toujours été différé.

Après en avoir considéré plusieurs, elle s'arrêta sur un sujet représentant des petits oiseaux qui volent. Puis, interrogeant sa mère : « Cela ne vous dit rien, maman?

— Mais non, ma fille.

— Voyez donc ces oiseaux : ils regardent, ils montent, ils descendent, ils remontent, ils s'envolent... Quand vous entrerez ici, plus tard, vous penserez : Mes petits oiseaux sont envolés!... »

Dans les jours qui suivirent, une jeune dame du pays, ancienne élève de la Retraite, devant aller passer une huitaine à la campagne, et craignant de ne pas retrouver Pauline à son retour, vint la voir et lui demanda de vouloir bien dire adieu à ses petits enfants, que ce serait pour eux tous une bénédiction.

« Avec plaisir, lui répondit Pauline. Je ne vous parlais jamais de Jeanne (son aînée, âgée de quatre ans), sachant que vous aviez craint de l'impressionner en l'amenant à Maria, qui désirait beaucoup la voir.

— Oui, mais elle est plus grande à présent, et je serais bien heureuse qu'elle se souvînt de vous. »

La proposition ainsi acceptée, Mme M... ne tarda pas à revenir, escortée de ses deux petites filles, et alors se passa une scène charmante. Pauline ne semblait plus malade; elle était vive, animée, riante, et disait à Jeanne : « Je vais voir la sainte Vierge et le petit Jésus, que faut-il leur dire de votre part? » Et l'enfant de donner naïvement ses petites commissions, en ajoutant : « Je vais vous apporter des fraises, ma petite Pauline. » Puis, se tournant du côté de sa mère : « Quand donc va-t-elle voir la sainte Vierge? Vous ne savez pas? » — Elle l'embrassa ensuite ainsi que sa sœur; et tous montèrent en voiture, le cœur rempli de douces émotions.

Il faisait un temps admirable, un vrai jour de printemps, bien choisi pour une partie de campagne. Quelques heures après leur départ, Pauline dit à sa mère : « Tenez, maman, cette belle promenade en famille, qui me rappelle celles que nous faisions autrefois tous ensemble et si joyeux, n'a excité en moi aucun désir, tant je suis détachée de la terre. Consolez-vous, je serai si heureuse ! »

3 mai, samedi. — Elle lit les prières de Notre-Dame-du-Bon-Conseil. — Grand affaiblissement. — Souvent des crises, au milieu desquelles de ferventes invocations montrent que son âme embrasse la croix avec amour.....

« Je voudrais bien mourir le jour de Notre-Dame-du-Bon-Conseil. — Je regrette d'avoir eu un peu de volonté ce matin en refusant la potion. Enfin, je l'ai prise, mais j'avais grand'peur d'avoir eu trop de volonté.

« Ma petite mère, voudriez-vous me lire bien doucement le sermon d'Henry Perreyve sur le Ciel ? »

Venaient ensuite ses recommandations, où reparaît toujours son ingénieuse délicatesse :

« Vous aurez la bonté de me faire dire promptement des messes par M***, prêtre sans fortune, habitant un pays éloigné, fort irréligieux.

« Vous n'oublierez pas non plus les chapelets pour les âmes du purgatoire.

« Vous ne ferez mettre aucune inscription sur ma tombe. Je pensais que l'on aurait pu dire : Elle fut une *bonne élève,* tout est là, et peu de personnes le font comprendre aux enfants. Mais non, ce serait de l'ostentation, je ne veux pas.

« Ah ! le sacrifice de ma vie ne m'a pas coûté de peine ; je n'ai guère de mérite. J'ai trop peur de souffrir....

« Jésus, mon amour, toujours ! »

S'adressant à son père, qui parlait de certaines familles affligées par la conduite de leurs enfants : « Mon petit père, ayez du courage... Donner sa fille au bon Dieu est le meilleur. Il ne faut pour cela qu'aimer Dieu. »

Puis se tournant du côté de sa mère : « Ma pauvre petite mère, si vous étiez morte à dix-neuf ans, vous n'auriez pas autant de chagrin... »

5 mai. — Elle envoie à la Retraite son dernier souvenir, tracé d'une main défaillante, assurant qu'elle ne nous oubliera pas au Ciel. Puis revenant sur la visite de M. l'Aumônier : « J'ai bien besoin aux heures de crises que les pensées pieuses, célestes et sublimes qu'il m'a inspirées,

et que j'avais eues déjà de la Retraite, viennent relever mon courage. C'est si pénible de se sentir sans forces!... A Dieu, bonne Mère, et en Dieu. C'est là que je serai heureuse!... »

6 mai. — Elle reçoit une image portant un billet d'entrée pour le Ciel. — « Ah! dit-elle à M. le Curé, je n'ai pas besoin du billet d'entrée. Je suis sûre que le bon Dieu m'ouvrira bien la porte sans cela. J'en suis si près! — Oui, mon enfant, ta confiance est grande, mais tu as raison. »

8 mai. — Elle relit le sermon de l'abbé Perreyve sur l'amour de Dieu. Elle dit son chapelet avec une ferveur séraphique : « Lorsque je pense que c'est moi qui vais mourir, je ne puis le croire. »

Elle veut elle-même rafraîchir des fleurs envoyées par une ancienne élève de la Retraite, disant : « Oh! elle m'aimait beaucoup... C'était une vraie petite amie. »

A une personne qui lui exprimait ses regrets et aurait voulu la retenir : « Ah! que vous ne savez guère faire un sacrifice, vous n'êtes pas généreuse. Et maman?... »

10 mai. — Elle demande à sa mère de lui lire les prières de Notre-Dame-du-Bon-Conseil, ne pouvant plus le faire elle-même.

On lui apporte vingt oranges. « Ah ! cette fois, je ne les mangerai pas toutes. La sœur saura bien à qui les donner. — Je ne veux pas vous en laisser, elles seraient trop amères !.... »

12 mai. — Toujours calme dans son attente, sous l'étreinte de la douleur.

Elle explique à une personne le dogme de l'infaillibilité du Pape, et affirme sa croyance.

Elle dit que si elle avait eu de la santé elle aurait voulu s'occuper des pauvres, et surtout des enfants.

13 mai. — Ce jour-là, se trouvant un peu mieux, Pauline fit venir une petite bonne, que sa sœur Maria avait connue autrefois à l'école, et qui se montre attachée à sa famille. En la voyant s'avancer toute craintive, elle l'engagea affectueusement à s'approcher plus près, lui disant de sa douce voix : « Allons, embrassez-moi, ma petite Aimée. Je veux vous dire adieu. Soyez toujours bonne fille. Écoutez-moi, et rappelez-vous... C'est bien solennel... Je vais mourir...

N'oubliez pas les conseils que je vous ai donnés. Ainsi que tout le monde, vous avez des défauts ; il faut chercher à les corriger sans vous décourager... Puis, toujours bien aimer le bon Dieu, être bonne fille, bien dévouée à mes parents.

« Je vous remercie de votre service. Je sais que si on vous l'avait permis, vous m'eussiez rendu tous les soins possibles. Mais maman vous trouvait trop jeune, c'était dangereux. Je vous suis reconnaissante de votre bonne volonté. — Je vous laisse quelques petits souvenirs : mon paroissien, mon petit couteau que vous aimiez tant. Allons, ne pleurez pas trop, et soyez contente. Je prierai le bon Dieu pour vous. »

Quand elle fut partie, Pauline dit à sa mère : « J'avais bien envie de parler à Aimée du cadeau que je lui fais ; mais elle a trop de chagrin en ce moment, elle n'aurait pas eu assez de satisfaction. Vous le lui direz. » (Ce legs est une somme, produit de la bourse de Maria et de la sienne.)

14 mai. — Souffrances aiguës... Elle croit mourir et demande à sa mère de faire sonner son agonie. — « Ma chérie, ce n'est pas possible, ton père est absent. — Oui, c'est vrai, peut-être mon petit père n'arrivera-t-il pas... Mais rassurez-

vous ; dites-lui bien que je n'ai eu aucun regret. » Puis alors, comprimant ses plaintes, elle resta calme jusqu'à six heures du soir.

Son père rentra pendant cette crise, et la chère enfant reprit tout haut ses pieuses invocations : « Mon Dieu, recevez mon âme, conduisez-la dans votre saint paradis ! — Mon Christ..... Mon chapelet, que j'en baise la croix. » — Adieux touchants à ceux qui l'entourent ; — merci à ses gardes-malades ; — long entretien avec son père à voix basse ; puis tout haut : « Allons, du courage ! Consolez-vous... Je serai Là-Haut votre ange gardien. — Ma petite mère, embrassez-moi. » Ensuite, regardant le Christ placé en face de son lit, pendant deux heures, elle se tint comme en contemplation, semblant devoir expirer.....

15 mai. — Elle dit son chapelet pour les âmes du Purgatoire, et demande de temps en temps de l'eau de Lourdes.

« Oh ! que c'est long la route du Ciel !.. C'est comme les montagnes..... toujours une nouvelle perspective..... On croit être rendu, puis il faut continuer ....

— Le Purgatoire ne m'effraie plus. Je sais que je souffrirai pour l'amour de Dieu. »

16 mai. — Spasme terrible qui a duré deux heures sans lui arracher un cri. Les yeux fixés sur le crucifix, on l'entendait murmurer : « Mon Dieu, faites que je ne perde pas patience..... Ah! c'est trop! mais c'est pour vous..... Que votre volonté soit faite !.... »

A minuit : « Voici le jour de la sainte Vierge qui commence ; elle me protége..... Peut-être qu'enfin le bon Dieu va me prendre..... »

Sa mère eut la bonne pensée de lui lire quelques prières dans le livre de Notre-Dame-du-Bon-Conseil ; et peu à peu elle se calma.

M. le Curé vint la voir dans la journée, la consola en l'assurant qu'elle conserverait sa patience. « Lorsque tu souffrais tant, lui dit-il, pensais-tu que Jésus-Christ sur la croix avait encore plus souffert? — Oui, Monsieur. — C'est bien, mon enfant. » Puis, le regardant en souriant : « Cette soif ardente que j'éprouvais me rappelait qu'on lui avait donné du fiel et du vinaigre, et je me disais : Il n'avait pas à boire sur sa table! Ah! M. le Curé, j'ai eu bien de la peine lorsque je me suis sentie mieux... —

Êtes-vous sûr qu'il n'y avait en cela que l'amour du bon Dieu? — J'ai toujours peur de craindre trop la souffrance... Je ne croyais pas la route aussi longue... Je veux cependant ce que Dieu veut... » Puis elle ajouta : « Êtes-vous content? Je suis comme Jésus-Christ sur la croix : je ne puis plus changer de position..... »

Le soir de ce jour, elle fut reprise de suffocations très-vives, et eut un moment d'angoisse, craignant le retour de cette terrible crise. « Cela me reprend, dit-elle ; eh bien! comme le bon Dieu voudra... Je ne veux pas m'impressionner. Il faut souffrir avec patience. »

18. — « Mon Dieu, que mon exil est long!... Prenez-moi, Seigneur... Pourquoi vous ai-je désiré si tôt? Je manque de courage... Le sacrifice de ma vie, ce n'est rien, mais tant souffrir!... M. l'Aumônier l'avait bien dit : Comment voulez-vous mourir, si vous n'étouffez pas?... Je l'accepte. Je vous l'offre, mon Dieu... »

19. — Continuelles souffrances. « Oh! quelle douleur! Mon cœur se serre!.... » Elle demande souvent le crucifix, et entremêle chacune de ses aspirations de réflexions pleines de gaieté.

Il semblait qu'elle eût étudié la médecine ; elle expliquait, avant que le docteur parlât, tout le travail qui s'opérait dans son pauvre organisme.

On lui prescrivit une potion calmante, qui engourdissait ses douleurs et provoquait un sommeil de plomb.

« Je ne fais plus que dire des riens ou en penser... Comme le bon Dieu voudra... »

S'adressant à sa mère : « Gardez ma médaille de Notre-Dame-du-Bon-Conseil. Il est inutile que je l'emporte. Elle vous fait plaisir, je le vois. C'est elle qui m'a toujours bien conseillée. C'est une si belle dévotion ! Vous la placerez sur moi avec un ruban bleu, et vous ne la retirerez qu'au dernier moment, en même temps que mon chapelet.... »

20, à onze heures du matin. — « Ma petite maman, êtes-vous seule? J'ai, je crois, bientôt fini de souffrir... C'est pour le bon Dieu... »

A deux heures. — « Je vais trouver la sainte Vierge, une bonne mère!... mais j'en laisse une bonne petite aussi sur la terre. » — Et l'admirable mère d'ajouter : « Celle-là t'aimera encore plus, et tu seras heureuse. » Et Pauline la regardant avec une expression craintive : « Oui, elle m'aime encore plus que vous ne m'aimez..... Peut-on croire cela? Eh bien! cependant elle m'aime davantage. »

Dans cette journée, qui devait être la dernière, la pauvre enfant éprouva plusieurs cauchemars qui la fatiguèrent beaucoup. Elle s'imaginait qu'elle allait subir une opération douloureuse ; mais, dans son délire même, sa volonté restait soumise à celle de Dieu, et elle répétait : « Je l'accepte, mon Dieu, si vous le voulez..... « Ah! le démon, je le connais, il est fin ; il ne me prendra pas... Dieu est là!... »

Elle reçut alors d'une de ses anciennes maîtresses une petite image représentant la sainte Vierge, qui attire sur son cœur une enfant qu'elle va couronner.

Pauline sourit en la considérant, voulut lire elle-même les lignes encourageantes tracées par l'affection, et dit : « Ah! c'est bien, merci!... »

Le soir, sur les neuf heures, elle engagea ses tantes à aller se reposer, disant : « Cela peut se prolonger... Rassurez-vous... Je ne serai pas morte demain matin... Je vais vivre encore quatre jours... »

Un peu avant minuit, elle eut une crise d'oppression, s'assit sur son lit, devint très-pâle et, joignant les mains, articula d'une voix forte : « Mon Dieu, si je vous vois, si je vous aime!.... Consolez mes parents! »

Puis, reprenant un peu de calme : « Est-ce que je vais devenir mieux?...

« Vivez encore, mes chers parents, pour la religion et pour la société...

« Vous direz adieu à toutes mes maîtresses, à toutes ; à mes amies... à tous ceux qui m'ont témoigné de l'affection.

« Donnez-moi mon petit crucifix, que je le baise... mon chapelet... » Prenant sa médaille de la sainte Vierge : « Marie, ma divine Conseillère, introduisez-moi dans le Ciel! »

Quelque temps après : « Mon Dieu, je vais vous voir!... » Et regardant son père : « A la Retraite, on me l'a fait comprendre ; M. l'Aumônier expliquait cela si clairement... Vous lirez mon cahier d'analyses religieuses sur l'existence de Dieu ; il est là (montrant du doigt un tiroir)... puis vous verrez certains passages dans le P. Lacordaire.

« Je croyais vivre quatre jours encore, et j'avais accepté... maintenant, je le sens, je vais mourir...

« Jésus-Christ a recommandé l'humilité pour entrer dans le Ciel...

« J'ai aimé Dieu, je l'ai béni, j'ai souffert... mais je l'ai loué, et je l'en remercie !...

« Mon Dieu, je vous aime !... »

Ce fut sa dernière parole ; son âme s'envola dans cet acte d'amour . . . . . . . . . . . . . . . . . . . . . . . . .

Ici ma plume s'arrête... et cependant je n'ai pas tout dit. Il est des choses qui ne s'écrivent pas, et je dois passer sous silence ce que l'intimité m'a fait connaître de plus admirable et de plus généreux dans ce cœur de jeune fille si délicat et si pur !... Il suffit que les Anges l'aient vu, et que le Cœur de Dieu en ait été ravi...

De telles âmes ne sont point créées pour la terre. Elles se montrent un instant pour charmer notre exil, passent et disparaissent, laissant après elles un parfum céleste.

Il en devait être ainsi pour notre chère Pauline. Avec elle s'envolaient dix-neuf ans de bonheur... C'était la veille de l'Ascension, le 21 mai, à une heure et demie du matin.

Ses obsèques ressemblèrent à un triomphe. On avait eu la touchante pensée de descendre la bière qui renfermait sa virginale dépouille dans le jardin, objet de sa prédilection... Ainsi, avant de disparaître pour toujours, Pauline s'arrêta, sous sa blanche draperie, au milieu de ses fleurs bien-aimées, symboles de son âme candide.

Puis on la porta à l'église, suivie d'un nombreux cortége. Un groupe de jeunes filles vêtues de blanc, tenant à la main des cierges, des couronnes et des bouquets de fleurs naturelles entouraient le cercueil, comme la garde d'honneur de la virginité.

Venaient ensuite, à la tête du deuil, Mlles Marie A*** et Thérèse R***, qui portaient chacune une riche couronne de perles. La présence de ces demoiselles, estimées de tout le pays, et anciennes élèves de la Retraite bien avant Pauline, a été d'autant plus remarquée que leur excessive modestie les tient toujours à l'ombre, et qu'habituellement on les devine plutôt qu'on ne les voit.

Quand la cérémonie fut achevée, on conduisit Pauline à sa dernière demeure, dans le lieu qu'elle avait choisi à côté de sa sœur Maria. Alors les jeunes filles s'approchèrent, et jetant leurs bouquets et leurs couronnes dans cette tombe entr'ouverte la remplirent de fleurs ; il y en avait jusqu'au bord. Touchant hommage rendu à la sainteté précoce d'une enfant de dix-neuf ans.....

Ainsi se célébra sur la terre l'ascension de Pauline ; combien la fête dut être plus belle au Ciel !...

Le jour du service, les amies que la distance avait empêchées d'assister aux funérailles, vinrent témoigner par leur présence de l'affection qui les unissait à leur chère compagne. Ce fut une goutte de baume sur le cœur blessé de la mère affligée. Du reste, de toutes parts, elle reçoit l'expression des regrets les plus vifs et les plus sympathiques.

Toutes les amies de cette enfant d'élite sentent combien elle va leur manquer. — « Oh ! que je perds ! m'écrivait l'une d'elles. Plus de ces bonnes lettres tout imprégnées de l'amour de Dieu et de Notre-Dame-du-Bon-Conseil. Aussi, ai-je supplié Notre-Seigneur de vouloir bien m'accorder un peu de cette piété qui a rendu Pauline si patiente et si calme dans ses derniers moments. J'espère qu'elle priera pour moi. »

Un vénérable vieillard, qui avait eu l'occasion de la connaître, envoya de Paris une magnifique couronne pour être déposée sur sa tombe. Mme B*** en détacha quelques fleurs et les adressa aux élèves du Cours supérieur, qui les garderont aux pieds de la Vierge de leur classe, en souvenir de leur sainte compagne.

Digne mère de cette admirable enfant, élevez vos yeux vers le Ciel où habitent les anges qui ont été vos filles... Vivez des souvenirs que leur rapide passage a laissés sur la terre. Il y a de quoi embaumer votre vie...

Et vous, chères enfants de la Retraite et de Notre-Dame-du-Bon-Conseil, ne perdez jamais de vue l'exemple de Pauline. Ces fleurs détachées de sa couronne, en vous rappelant ses aimables vertus, perpétueront ici son souvenir, et chacune dira en les regardant : Moi aussi, je veux être une bonne élève et une vraie enfant de Marie!...

Pour nous, ses secondes mères, qui avons eu

le bonheur de toucher à son âme, nous lui appliquerons ces paroles de nos saints Livres :

*Elle a peu vécu, et elle a fourni une longue carrière; son âme était agréable à Dieu; c'est pourquoi il s'est hâté de la tirer du milieu des iniquités.*



ANGERS. — IMPRIMERIE LACHÈSE ET DOLBEAU.

www.ingramcontent.com/pod-product-compliance
Ingram Content Group UK Ltd.
Pitfield, Milton Keynes, MK11 3LW, UK
UKHW021013180726
13838UKWH00004B/1539

9 782329 264257